Este libro pertence a:
Questo libro appartiene a:

¿Cómo hace el gato?

Come fa il gatto?

El gato hace **MIAU, MIAU**

Il gatto fa **MIAOU, MIAOU**

¿Cómo hace el pato?

Come fa la papera?

El pato hace **CUA, CUA**
La papera fa **QUA, QUA**

¿Cómo hace el ratón?

Come fa il topo?

El ratón hace **CHII, CHII**
Il topo fa **SQUIT, SQUIT**

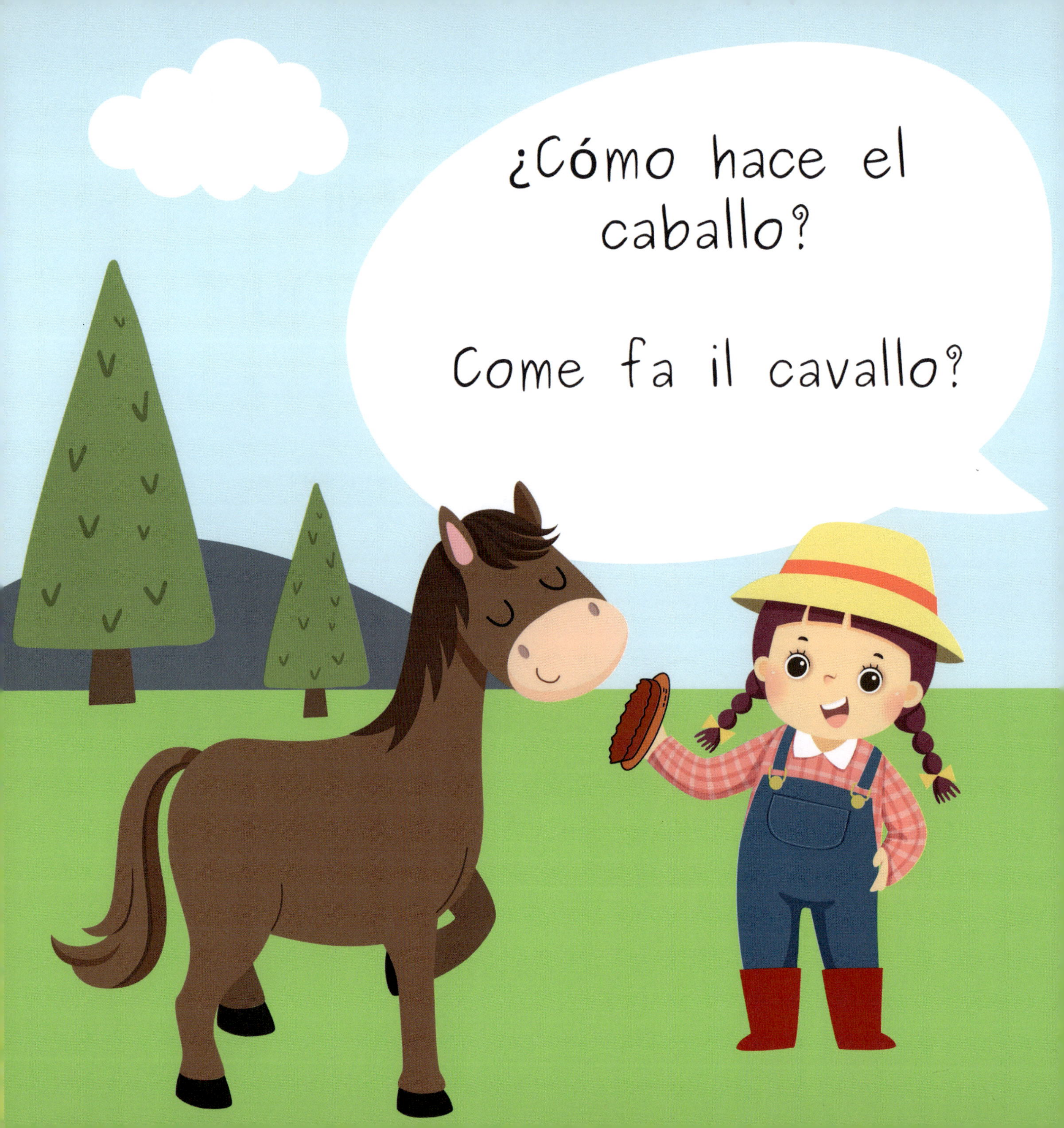
¿Cómo hace el caballo?
Come fa il cavallo?

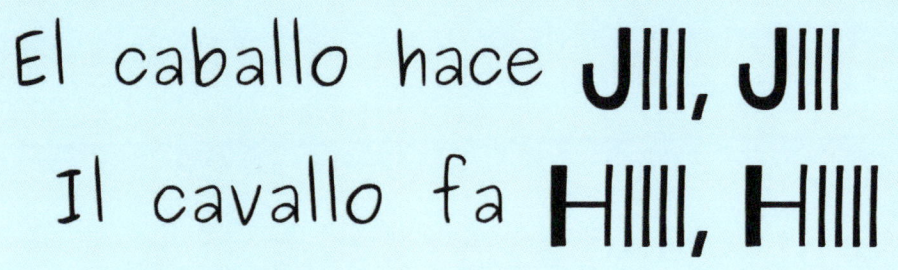

El caballo hace Jiii, Jiii
Il cavallo fa Hiii, Hiii

¿Cómo hace el gallo?

Come fa il gallo?

El gallo hace **QUIQUIRIQUÍ**

Il gallo fa **CHICCHIRICHÍ**

¿Cómo hace el pollito?

Come fa il pulcino?

El pollito hace **PÍO, PÍO**
Il pulcino fa **PIO, PIO**

¿Cómo hace la vaca?

Come la mucca?

La vaca hace MUUUUU
La mucca fa MUUUUU

¿Cómo hace la rana?

Come fa la rana?

La rana hace **CROAC, CROAC**
La rana fa **CRA, CRA**

¿Cómo hace el perro?

Come fa il cane?

El perro hace **GUAU, GUAU**
Il cane fa **BAU, BAU**

¿Qué otros sonidos de animales sabes?

Quali altri versi di animali conosci?

¡Nos encanta aprender idiomas!

Noi amiamo imparare le lingue!

A note to parents

Did you know that children who start learning a new language before they're 10 are more likely to speak it fluently? They are also more likely to do well in school and score higher on tests.

Once, people thought learning multiple languages would confuse kids, but that's not the case. Learning more than one language early on is like a superpower for kids! It helps them solve problems better, be more creative, and remember things more easily.

About Bilingual Bébé

Our Story

We are two best friends who are practically family, united by our love for languages and storytelling. With bilingual backgrounds and a passion for linguistics and teaching, we saw the need for engaging bilingual books for kids. So, we created our own collection of fun, educational bilingual books to spark a love for languages in young readers. Join us on this exciting journey of discovery and learning!

Our Mission

Our bilingual children's books turn language learning into an exciting adventure. Ideal for raising bilingual kids or exploring a new language, each story makes learning fun and natural. With our books, your little ones will develop a love for languages that lasts a lifetime!

Printed in Great Britain
by Amazon